BEI GRIN MACHT SICH IHR WISSEN BEZAHLT

- Wir veröffentlichen Ihre Hausarbeit,
  Bachelor- und Masterarbeit

- Ihr eigenes eBook und Buch -
  weltweit in allen wichtigen Shops

- Verdienen Sie an jedem Verkauf

Jetzt bei www.GRIN.com hochladen und kostenlos publizieren

Eva-Maria Engel

Entscheidungen des BGH im Familienrecht im Jahr 2012

Eine Auswahl interessanter Entscheidungen

GRIN Verlag

Bibliografische Information der Deutschen Nationalbibliothek:

Die Deutsche Bibliothek verzeichnet diese Publikation in der Deutschen National-
bibliografie; detaillierte bibliografische Daten sind im Internet über http://dnb.d-
nb.de/ abrufbar.

Dieses Werk sowie alle darin enthaltenen einzelnen Beiträge und Abbildungen
sind urheberrechtlich geschützt. Jede Verwertung, die nicht ausdrücklich vom
Urheberrechtsschutz zugelassen ist, bedarf der vorherigen Zustimmung des Verla-
ges. Das gilt insbesondere für Vervielfältigungen, Bearbeitungen, Übersetzungen,
Mikroverfilmungen, Auswertungen durch Datenbanken und für die Einspeicherung
und Verarbeitung in elektronische Systeme. Alle Rechte, auch die des auszugsweisen
Nachdrucks, der fotomechanischen Wiedergabe (einschließlich Mikrokopie) sowie
der Auswertung durch Datenbanken oder ähnliche Einrichtungen, vorbehalten.

Impressum:

Copyright © 2013 GRIN Verlag GmbH
Druck und Bindung: Books on Demand GmbH, Norderstedt Germany
ISBN: 978-3-656-43447-4

Dieses Buch bei GRIN:

http://www.grin.com/de/e-book/214637/entscheidungen-des-bgh-im-familienrecht-
im-jahr-2012

GRIN - Your knowledge has value

Der GRIN Verlag publiziert seit 1998 wissenschaftliche Arbeiten von Studenten, Hochschullehrern und anderen Akademikern als eBook und gedrucktes Buch. Die Verlagswebsite www.grin.com ist die ideale Plattform zur Veröffentlichung von Hausarbeiten, Abschlussarbeiten, wissenschaftlichen Aufsätzen, Dissertationen und Fachbüchern.

Besuchen Sie uns im Internet:

http://www.grin.com/

http://www.facebook.com/grincom

http://www.twitter.com/grin_com

Die Rechtsprechung des Bundesgerichtshofs im Jahr 2012 zum Familienrecht

In dem folgenden Artikel werden wichtige Urteile des Jahres 2012 im Überblick dargestellt.

1. Entscheidung zur Ehefähigkeit

Es handelt sich um ein Urteil des BGH vom 11.04.2012 (AZ: XII ZR 99/10).

Zum Sachverhalt ist folgendes auszuführen:

Ein Paar war seit 30 Jahren partnerschaftlich verbunden. Ein wegen Demenz erkrankter Mann wurde in eine Klinik eingewiesen und kam später in ein Seniorenheim und von dort wieder nach Hause und wurde von der Partnerin gepflegt. Etwa zwei Monate nach der Rückkehr in die Wohnung heiratete das Paar, wobei der Standesbeamte ins Schlafzimmer des Kranken kam. Ein Jahr später wurde dort auch die kirchliche Trauung vollzogen.

Eine wegen wohl der Erbfolge zu kurz gekommene Nichte des Mannes wies die zuständige Behörde auf die Demenzerkrankung hin. Diese leitete daraufhin ein Eheaufhebungsverfahren ein. Amtsgericht und Oberlandesgericht gaben der Behörde Recht. Der Bundesgerichtshof (BGH) entschied jedoch, die Ehe sei wirksam geschlossen.

Dies aus folgenden Gründen:
Nach § 1304 BGB kann, wer geschäftsunfähig ist, keine Ehe eingehen. Allerdings ist im Sinne dieser Vorschrift die Geschäftsfähigkeit unter Berücksichtigung des Artikels 1 Abs. 1 GG (Grundgesetz) verfassungsrechtlich zu prüfen und im Sinne einer garantierten Eheschließungsfreiheit muss die „Ehegeschäftsfähigkeit" beurteilt werden. Kommt hier lediglich darauf an, ob derjenige, der heiratet, in der Lage ist, das Wesen der Ehe zu begreifen und insofern eine freie Willensentscheidung zu treffen. Im übrigen liegt es im pflichtgemäßen Ermessen der Verwaltungsbehörde, ob sie den Antrag auf Eheaufhebung stellt. Nach § 1316 Abs. 3 BGB soll dies nicht geschehen, wenn die Aufhebung der Ehe für einen Ehegatten eine so schwere Härte bedeutet, dass die Aufrechterhatlung der Ehe ausnahmsweise geboten erscheint. Liegt dieser Fall vor, so hat das Gericht den Aufhebungsantrag als unzulässig abzuweisen. Die Beurteilung dieser Frage ist der Beurteilung der Geschäftsfähigkeit sogar vorgegriffen. In diesem Fall sah der BGH einen Härtefall als gegeben an. Der Aufhebung der Ehe besteht dann kein öffentliches Interesse, wenn vom Standpunkt eines billig und gerecht denkenden Betrachters an der Aufhebung kein wesentliches Interesse beigemessen werden kann. Diesen Fall bejahte der BGH hier. Die Ehe war nicht zu dem Zweck geschlossen worden, in den Genuss staatlicher Leistungen oder anderer öffentlich-rechtlicher Vorteile zu kommen. Die Ehefrau wollte sich auch nicht bereichern, obwohl sie nun als Ehefrau größere Rechte als zuvor hatte. Diesem stand jedoch die fast 40 Jahre lange Partnerschaft der Eheleute gegenüber und die Pflege und Fürsorge seit Beginn der Demenz Erkrankung. Auch ein nachrangiges Erbrecht einer Nicht kann kein öffentliches Interesse einer Aufhebung begründen.

Im Gegenteil, der BGH bejahte hier das gravierende Interesse beider Ehegatten die Ehe zu erhalten. Die Ehefrau hat sich im Rahmen gelebter Solidarität für ihren Ehemann aufgeopfert, dies ist ein typischer Ausdruck dafür für eine Verwantwortungsgemeinschaft füreinander, § 1353 Abs. 1 S. 2 BGB. Die Ehefrau hat wegen der Pflegetätigkeit die eigene Erwerbstätigkeit aufgegeben. Das Erhaltungsinteresse an der Eheschließung überwiegt das staatliche Ordnungsinteresse. Deshalb war der Antrag als unzulässig zurückzuweisen.
Diese Entscheidung ist relevant für die Praxis, da es immer mehr Demenzkranke gibt.

2. Entscheidung BGH zum Verfahrensrecht vom 21.03.2003 (XII ZB 447/10)

Der BGH hat sich in dieser Entscheidung grundsätzlich zur sog. 2-Wochenfrist des § 137 Abs. 2 FamFG geäußert.

Hintergrund ist, dass Scheidungsfolgesachen im Rahmen eines Scheidungsverfahrens spätestens 14 Tage vor dem Verhandlungstermin anhängig gemacht werden müssen, anderenfalls kommen sie nicht mehr in den Verbund und können sich insbesondere nicht mehr verzögern, § 137 Abs. 2 FamFG.

In dem vom BGH geprüften Fall hatte ein Amtsrichter am 22.04.2010 Scheidungstermin bestimmt auf den 04.05.2010. Dem Anwalt des Ehemannes ging die Ladung am 26.04.2010 zu. Er bat zunächst – erfolglos – um Terminverlegung und stellte dann am 28.04.2010 Antrag auf nacheheliche Unterhalt. Ferner reichte ein Auskunftsantrag zum Zugewinnausgleich ein. Der Amtsrichter sprach im Termin die Scheidung aus und befasste sich nicht mit den Folgesachen, da diese nicht rechtzeitig in den Verbund gelangt seien. Sie wurden als selbständige Verfahren weitergeführt. Der Ehemann legte Beschwerde ein, verlangte die Aufhebung der Scheidung und erweiterte dann sein Auskunftsantrag zum Zugewinnausgleich zu Stufenantrag auf Auskunft und Zahlung. Das Oberlandesgericht gab der Beschwerde des Ehemannes statt. Von der Ehefrau wurde Rechtsbeschwerde zum BGH eingereicht. Dieser hatte jedoch keinen Erfolg und zwar aus folgenden Gründen:

Der BGH entschied, dass der Unterhalt eine Folgesache ist, der zum Güterrecht eingereichte Auskunftsantrag jedoch nicht. Grundsätzlich muss eine Folgesache nach § 137 Abs. 2 FamFG spätestens zwei Wochen vor der mündlichen Verhandlung beim Amtsgericht in der Scheidungssache anhängig gemacht worden sein. Der Amtsrichter muss jedoch so terminieren, dass die Ehegatten auch nach Zustellung der Ladung noch vermögensrechtliche Folgesache anhängig machen können. Regelmäßig sind zwar die Beteiligten in der Lage, Anträge frühzeitig bei Gericht einzureichen, die Parteien sind jedoch nicht daran gehindert, die Fristen auch auszuschöpfen. Dies setzt aber voraus, dass das Familiengericht den Termin zur Scheidung so bestimmt, dass die beteiligten Ehegatten auch nach der erhaltenen Ladung noch genügend Zeit hierfür verbleibt. Hierfür reicht die 14-Tagesfrist zwischen Zustellung der Ladung und Termin nicht aus, da von dem Ehegatten nicht verlangt werden kann, dass sie noch am Tag des Zugangs des Ladung Anträge in vermögensrechtlichen Folgesachen anfertigen und beim Familiengericht einreichen können. Hierfür muss ihnen eine angemessene Vorbereitungszeit zur Verfügung stehen. Der BGH sieht hierfür als angemessen eine Woche an, dies ergibt sich daraus, dass nach der alten Rechtslage vor Einführung des FamFG der Amtsrichter mit Wochenfrist zur Scheidung laden konnte, die Parteien daher früher mindestens eine Woche Zeit hatten, einen Folgesachenantrag zu formulieren und bei Gericht einzureichen. Der Amtsrichter muss daher darauf achten, dass zwischen Zustellung der Ladung und Termin ein Zeitraum von mindestens 3 Wochen liegt. Wird dies nicht beachtet, besteht ein Anspruch auf Terminsverlegung, alternativ können die Folgesachen in diesen Fällen noch zur mündlichen Verhandlung anhängig gemacht werden.

Der BGH entschied, dass ein reiner Antrag auf Auskunft im Zugewinn grundsätzlich keine taugliche Folgesache ist, weil er die Entscheidung über ihn nicht „für den Fall der Scheidung" zu treffen ist. Durch die Erweiterung zum Stufenantrag war es zwar eigentlich eine taugliche Folgesache, dieser Antrag wurde jedoch zu spät in der II. Instanz eingereicht.

3. Die Entscheidung des BGH zur den Möglichkeiten einer Abänderung eines Vergleichs, Urteil vom 11.07.2012, AZ: VII ZR 72/10.

Zum Sachverhalt:

Die Parteien hatten im Jahr 2006 vor dem OLG einen Vergleich geschlossen, in dem sie vereinbarten, dass „unter Aufrechterhaltung der beiderseitigen Rechtsstandpunkte" bis einschl. Februar 2007 666,00 € Ehegattenunterhalt bezahlt werden sollte. Danach sollte „jede Partei eine Abänderung beantragen" können, wobei dann der Unterhaltsanspruch „nach den gesetzlichen Vorschriften und der herrschenden Rechtsprechung" zu berechnen sei.

Dieser Fall wurde vom BGH wie folgt beurteilt:

Grundsätzlich können Prozessparteien durch Vereinbarung die Abänderung eines Vergleichs erleichtern oder erschweren. Dies kann sich u.a. aus dem Vergleich selbst oder dem Parteiwillen ergeben und dies kann dazu führen, dass der Vergleich jederzeit, d. h., ohne Änderung der bei Vergleichsabschluss vorliegende Verhältnisse abgeändert werden kann. Meist kommt zwar eine solche Auslegung nicht in Betracht, weil er die Vertragsparteien mit dem Abschluss des Vergleichs abschließende Verhältnisse anstreben. Ein solcher Parteiwille ist jedoch trotzdem nicht ausgeschlossen und er liegt hier vor. Er lag auch in dem Fall vor, wie das Gericht entschied. Die Parteien hätten wesentliche Streitpunkte des Verfahrens nicht beilegen können und wollten sich wegen dieser Streitpunkte für die Zukunft nur vorläufig binden. Dem Vergleichstext sei zu entnehmen, dass auch nach Ablauf der ausdrücklich vereinbarten Stillhaltefrist es zur Überprüfung in einem Abänderungsverfahren kommen konnte, ohne dass es da zu einer zwischenzeitlichen Änderung der Verhältnisse bedurfte.

Diese Entscheidung sollte von den Parteien berücksichtigt werden. Wer den Verdacht hat, dass bei Abschluss des Vergleichs irgendwelche schon vorliegende oder realistischerweise bald zu erwartenden Umstände nicht berücksichtigt wurden, sollte darauf dringen, dass im Vergleichstext eine erweiterte Abänderungsmöglichkeit vereinbart und aufgenommen wird. Diese Möglichkeit muss sich jedoch aus dem Vergleich selbst eindeutig ergeben. Normalerweise wollen die Parteien eine Rechtssicherheit und verbindliche Vereinbarungen, dies schließt die Möglichkeit einer jederzeitigen Abänderung eigentlich aus. Daher muss dies deutlich zum Ausdruck kommen.

4. Entscheidung des BGH zum Kindesunterhalt eines volljährigen Kindes, Entscheidung 18.01.2012 (AZ: XVII ZR 15/10).

Der BGH äußert sich in diesem Urteil zum Fall des Kindesunterhaltes, wenn das Kind bereits wirtschaftlich selbständig gewesen war. Zum Sachverhalt ist auszuführen, dass die Tochter bereits die Ausbildung abgeschlossen hatte und berufstätig war. Dann erkrankte sie und konnte wegen der Behinderung nicht mehr arbeiten. Sie bezog Erwerbslosenrente und nacher Sozialleistungen. Der Sozialträger versuchte nun, im Wege des Regresses den Vater in die Pflicht zu nehmen, dieser hatte etwas mehr als 1.400,00 € Rente.

Dieser Forderung der Sozialhilfeträger hat sowohl das Oberlandesgericht Köln (AZ: 25 UF 48/09) als auch der BGH enge Grenzen gesetzt. Eltern müssen zwar regelmäßig damit rechnen, ihren Kindern auch nach Vollendung des 18. Lebensjahres hinaus Unterhaltsleistungen zu erbringen, bis die Berufsausbildung abgeschlossen ist und die Kinder wirtschaftlich selbständig sind. Haben die Kinder aber eine eigene Lebensstellung erlangt, in der sie auf den elterlichen Unterhalt nicht mehr angewiesen sind, können die Eltern in der Regel davon ausgehen, dass das Kind die wirtschaftliche Unabhängigkeit von den Eltern auch behält. Darauf können sich die Eltern in der Regel auch einstellen.

Verliert das erwachsene Kind zu einem späteren Zeitpunkt wieder seine wirtschaftliche Selbständigkeit, werden die Eltern nur noch sehr eingeschränkt wieder in die Pflicht genommen. Sie können mindestens einen erhöhten Selbstbehalt (wie gegenüber dem Elternunterhalt) geltend machen, dies sind derzeit 1.500,00 €. Der Selbstbehalt erhöht sich nach den gleichen Regeln wie beim Elternunterhalt. Die Hälfte des über dem Selbstbehalt verbleibenden Betrages bleibt in der Regel vor dem Zugriff des Sozialhilfeträgers bewahrt.

5. Entscheidung des BGH zum Ehegattenunterhalt, Entscheidung vom 08.08.2012, AZ: XVII ZR 97/10

Der BGH hat hier eine Entscheidung zum Ehegattenunterhalt gefällt für den Fall, wenn sich die Ehefrau am Ende der Erziehungszeit fortbildet oder in dem entscheidenden Fall habilitiert. Dann hat sie keinen Anspruch auf Fortzahlung des Betreuungsunterhaltes.

Der Unterhalt wird nach Betreuungsunterhalt nach § 1570 BGB während der ersten drei Lebensjahre des Kindes ohne weitere Begründung gezahlt. Danach muss der Unterhaltsberechtigte darlegen und beweisen, dass mit Rücksicht auf die Interessen des Kindes eine Fortzahlung der Unterhaltsgebühr geboten ist (sog. kindbezogene Gründe). Fallen diese weg, öffnet § 1570 Abs. 2 BGB die Möglichkeit, trotzdem noch weiteren Betreuungsunterhalt zu erhalten, wenn dies unter Berücksichtigung der Gestaltung der Ehe sowie der Dauer der Ehe der Billigkeit entspricht (sog. elternbezogene Gründe). Im entschiedenen Fall hatten die Parteien 1997 geheiratet und 1998 eine Tochter bekommen. Die Ehefrau hatte bereits vor der Eheschließung mit ihrer Habilitation begonnen und die Habilitationsschrift 2010 vorgelegt. In der letzten Zeit der Anfertigung dieser Habilitationsschrift arbeitete sie nicht mehr. Die Parteien lebten dann seit 2004 getrennt. In einer ersten Entscheidung zum nachehelichen Unterhalt 2007, wurde der Unterhalt zunächst bis 2011 befristet. Aufgrund der Gesetzesänderung beantragte der Ehemann dann im Jahr 2008 den vorzeitigen Wegfall des Unterhaltsanspruchs. Der Wegfall des Anspruchs wurde auch damit begründet, dass die Ehefrau keinen ehebedingten Nachteil habe und auch sonst keinerlei Gründe für die Fortzahlung eines Unterhalt sprachen. Ein Anspruch auf Unterhalt hätte daher nur nach 1570 Abs. 2 bestehen können.

Der BGH entschied hier, dass sich die Verlängerung des Betreuungsunterhaltes nicht auf elternbezogener Gründe stützen lässt. Sinn und Zweck der gesetzlichen Regelung ist es laut BGH, dass das Vertrauen des Ehegatten auf die bisherige Rollenverteilung bzgl. der Kinderbetreuung geschützt wird. Sieht die Ehefrau aufgrund einer Habilitation von einer Erwerbstätigkeit ab, verfolgt sie damit jedoch alleine ihre eigenen beruflichen Interessen und die nicht die Betreuung des Kindes. Daher kann auch der Betreuungsunterhalt aus elternbezogenen Gründen nicht verlängert werden. Es gelten die gleichen Regeln wie bei Ausbildungsmaßnahmen, Fortbildung und Qualifizierungen: Der Unterhaltsberechtigte hat eine Erwerbsobliegenheit und muss für sich selbst sorgen.

6. Urteil des BGH zur Erwerbsverpflichtung bei mehreren Teilzeit-Jobs

Es handelt sich um ein Urteil des BGH vom 11.07.2012 (AZ: VII ZR 72/10). Zum Sachverhalt ist folgendes auszuführen:

Die Parteien stritten über die jeweilige Erwerbsverpflichtung und über die Einbeziehung eines nach der Scheidung angefallenen Erbes. Denn die unterhaltspflichtige Ehefrau, der lediglich noch Aufstockungsunterhalt zustand, hatte einen Teilzeitjob mit 25 Wochenstunden als angestellte Pflegerin auf einer Diakonie-Station. Nebenher pflegte sie mehrere Jahre in einem Privathaushalt einen schwer Pflegebedürftigen, der dann starb. Sie wendete gegen das Kürzungsbegehren des Unterhaltes ein, sie habe keinen neuen zweiten Teilzeitjob finden können.

Diesem Argument wollte der BGH nicht folgen. Fest stand zwar, dass die unterhaltberechtigte Ehefrau ihre Teilzeitstelle als Pflegerin in der Diakoniestation nicht ausweiten konnte. Fest stand auch, dass sie im Moment keine zusätzliche Stelle im Pflegebereich bekommen konnte. Dennoch behandelte der BGH sie so, wie wenn sie in Vollzeit arbeiten könnte. Dabei gestand er ihr einerseits zu, nicht von der sicheren Stelle in der Diakonie weg zu müssen, andererseits hätte sie sich jedoch nicht nur um irgendeinen Zusatzjob, sondern um einen auf Dauer gesicherten Zusatzjob kümmern müssen. Wer einen schwer Pflegebedürftigen in einem Privathaushalt pflegt, der müsse immer damit rechnen, dass diese Nebentätigkeit (wg. Ablebens der pflegebedürftigen Person) wegfalle und müsse sich deshalb parallel um eine längerfristige zweite Stelle bemühen. Wer sich stattdessen für eine zweite Beschäftigung entscheidet, die absehbar nicht auf Dauer ausgeübt werden kann, kann das Risiko für den Verlust dieses Arbeitsplatzes nicht längerfristig dem Unterhaltpflichtigen aufbürden. Im vorliegenden Fall waren seit Rechtskraft der Scheidung vier Jahre verstrichen, sodass der BGH nur das Risiko des Wegfalls der zweiten (unsicheren) Arbeitsstelle allein der Unterhaltsberechtigten auferlegte.

Als Tipp für die Praxis sollte daher grundsätzlich jeder Unterhaltsberechtigte, der sein Einkommen auf einen „unsicheren" Nebenerwerb stützt, sich nicht in dieser Situation einrichten, sich parallel immer um einen sicheren Nebenjob bemühen. Er sollte ferner diese Bemühungen auch dokumentieren und nachweisen können, damit sie im Unterhaltsprozess geltend gemacht und nachgewiesen werden können.